AF607219

FATA MORGANA

CRISTINA PERI ROSSI

FATA MORGANA

VISOR LIBROS

VOLUMEN MCCL DE LA COLECCIÓN VISOR DE POESÍA

Ilustración de cubierta: K. Hokusai. *La gran ola de Kanagawa* (entre 1830-1833)

© VISOR LIBROS
Isaac Peral, 18 - 28015 Madrid
www.visor-libros.com

ISBN: 978-84-9895-600-9
Depósito Legal: M-25219-2024

Impreso en España - Printed in Spain
Gráficas Muriel. C/ Investigación, n.º 9. P. I. Los Olivos - 28906 Getafe (Madrid)

FATA MORGANA

Aquel bajel del siglo XVII
que apareció en las aguas
entre la bruma del calor
y la bruma del frío
mientras caminábamos en la arena
color ocre
del siglo XXI
estaba vacío
estaba muerto
Fata Morgana
fantasma de lo que seríamos
en un instante:
más leves
que una foto antigua.

FATA MORGANA II

Te vi
sobre las aguas quietas del mar
sonámbula Fata Morgana
como un inmenso mascarón de proa
y todo estaba quieto
tu belleza lejana
a punto de ascender
al inmenso cielo
las aguas detenidas
en un mar transparente
y yo misma
convertida en Fata Morgana
que contempló a una Fata Morgana
y nunca supo cuál de las dos
desaparecería sin dejar huella
en el universo.

LA NAVE DE LOS DESEOS Y LAS PALABRAS

Los antiguos imaginaban una inmensa torre
donde los humanos mezclados como los peces en el mar
luchaban por imponer su lengua como un falo
sus sílabas como espadas.
Yo imagino en cambio
una inmensa nave como matriz de ballena
donde las palabras navegan sin cesar
disputan disfrutan se aman y pelean
descansan en butacas echadas al sol
intercambian las sandalias y los peplos
y luego, ahítas de sal, de sol y de peleas
se aman entre sí para conjugar verbos.

GRANDES RELATOS

Todo se transforma en vivir para contar.
Alquimia que elije cautiva selecciona
modifica
encuentra una moral
un sentido.
Préstame tus oídos para que como Scherezade
cada noche te cuente una historia
te narre un relato
—pequeño triunfo de la vida sobre la muerte—.
Préstame tus oídos para que cada mañana
te cuente una historia
como Penélope tejía en el telar.
Tus oídos caracolas marinas
donde el eco de lo narrado
vibrará como las olas
tus oídos pentagrama
de la armonía que conjugo
tus oídos cuencas que lleno de palabras
como monedas
del tráfico incesante de vivir.

LLORA LA MUERTE DE TU RECUERDO

Llora la muerte de tu recuerdo
en mi memoria
como yo lloro la muerte
de mi recuerdo
en la tuya.

LA MEMORIA ES UNA FORMA DEL AMOR

La memoria es una forma del amor.
Te recuerdo
y me dueles
como el dolor del miembro ausente.
Aquel que ya no está
no puedo tocar
ni acariciar
pero insiste en vibrar en estremecer mis fibras interiores.
Entonces te vuelvo a amar
te conviertes en fantasma
y te sueño todavía
y en el sueño te beso y acaricio
y tú sonríes, completa por fin.

NO TE PEDÍ NACER

No te pedí nacer
No te pedí morir
El error y la culpa fue de mi padre
creía que el uso de un condón disminuía su virilidad
y de mi madre que sucumbió
a sus amenazas
Yo no he cometido ese error
no traje al mundo a nadie que me lo pidiera
ni condené a muerte a un hijo mío
El lapso entre vida y muerte
es un tiempo imprevisible
lleno de terror amenazas peligros
lo llaman la lucha por la vida
pero en realidad es el infierno
de haber nacido solo porque mi padre
era tan viril
que no usaba condón.

CARPE DIEM

Me dijo que le gustaba vivir el momento.
Miré a mi alrededor
y no vi ninguno
todo era pasado o futuro
salvo que yo misma me considerara un momento
cosa que nunca había hecho
por terror a la muerte
a lo efímero a lo pasajero
Yo me consideraba todo lo contrario:
una custodia de lo bello que es eterno
que no caduca que no muere
No me podía dividir en momentos
Todo lo contrario
No quería nada fragmentado nada fugitivo
y en lugar de acordes
superpuestos de los momentos
yo perseguía la armonía del cosmos
eliminando los bemoles
si es posible
para lo cual necesitaba otro par de manos y de ojos
Por ejemplo —me dijo—
me gusta este momento
pero me gustará también el siguiente
en otra estación de trenes

en otra cafetería con otra compañía.
A mí me pasaba exactamente al revés
cuando algo me gustaba
procuraba eternizarlo fijarlo
retenerlo aunque confieso
que al final siempre fracasaba
por eso o por lo otro pero sabía que Leonardo
no había fracasado ni Baudelaire ni Turner

Es que no lo enfocas bien —me dijo—
con su hermosa sonrisa en festival
se trata de vivirlo todo con igual intensidad.
La idea me horrorizaba. Nunca había querido vivirlo todo
sino lo bello lo complejo lo fascinante
¿la misma intensidad en el dentista que en tu cama?
¿en el trabajo que en una película de Cronemberg?
Me gusta andar en bicicleta —dijo—
tanto como en moto
El vino y el champagne
Los hombres como las mujeres
los trenes y los aviones
La selva y el desierto
El flamenco y la cumbia
Según el momento
Pero cada momento con intensidad —me dijo—
Cuando llegó el tren la vi partir
con melancolía.
Seguro que el vagón del tren
era un buen momento para dormir
Y yo me quedé en el andén

tratando de encontrar un momento
que fuera tan hermoso tan continuo y tan eterno
como para retenerlo.

CARPE DIEM II

Los ingenuos seguidores de Horacio
—Carpe diem— terminaron hartos de placeres
efímeros
y se suicidaron era el único displacer que les
aseguraba
la eternidad
de algo.

SÚPLICA

No me toques
tengo la piel ardiente
no de deseo
sino de dolor
viejas heridas
antiguas querellas con la vida
y sus escarnios sus tormentos
No me toques
sangro y puedo mancharte la blusa
o las manos
No hundas los dedos en mis hematomas
se ruborizan
no ocupes mi soledad
esa que construyo diariamente
ni me preguntes si valió
la pena
cada cual tiene su epopeya
y el dolor es egoísta
mientras vives
el mío no vale nada
sobre las calles de Kabul
el error es haber nacido
y en ese no intervine para nada

LA POESÍA

La poesía es el eco
de las emociones fugaces
como gacelas en el bosque
como las olas del océano
como el ulular de las ballenas
en altamar

Si grito te amo
la poesía grita te amo

Si grito no te amo
la poesía grita no te amo

El eco es un espejo
repite la soledad del grito

pero atrapa la fugacidad
del instante efímero

cuando el grito cristaliza en el verso
el eco repite nuestra canción
en otras voces
otras cavernas

de este modo
lo que se perdió se recupera
y lo que nunca ocurrió
sucede
Único consuelo para los mortales

SIN LÍMITES

Mi amor no es caro
no es un amor muy exigente
ni difícil de obtener
basta con que sonrías una vez
y se desacata se deslengua
persevera y se desordena
mi amor no es caro
no es un amor exigente
basta con que me mires tiernamente
y se expande como río desbordado
y celebra efemérides por tu cuerpo
basta con que estés triste
para que haga girar el mundo alrededor
y recuerde los poemas más festivos
y basta con que melancolices
para que te consuele mil veces.
Eso si:
no me pidas que baile merengue
porque este amor mío tiene unos límites
te haya dicho lo que te haya dicho antes.

SER TU PLANTA, TU ÁRBOL

Dicen los hombres de ciencia
que los árboles tienen quince sentidos
diez más que nosotros, los humanos.
Como los árboles, quisiera hablarte
también por mis raíces, que las mías buscaran las tuyas
y les hicieran confidencias,
que me tocaras con el extremo de tu tallo
y yo con la corteza de mi tronco,
que nuestras hojas húmedas se transmitieran saberes
sobre la noche y el día
sobre los amaneceres y los atardeceres
que mis hojas cantaran melodías y tú las contestaras
que la cofia de nuestras raíces entonaran una dulce balada
y las ramificaciones, bajo tierra, se encontraran.
Que tus hojas olieran la tormenta y
me enviaran un aviso.
Me gustaría protegerte cuando un gusano
devora tus hojas
y espantar con la vibración de mis nervaduras
al insecto que osa poseerte.
De lejos escucharíamos el rumor de las tormentas
y las vibraciones de los océanos.
Y cuando una mariposa vuela de Río de Janeiro
a Barcelona,

supieras transmitirme con tus nervios
todo lo que vio
todo lo que comió y olió.
Dicen los hombres de ciencia
que los árboles y las plantas
tienen quince sentidos.
Yo solo tengo cinco
y te amaría con los que me faltan
para ser tu planta, tu árbol.

UN AMOR DE LOS PEQUEÑOS

Pasada ya la edad de los grandes amores
—llenos de estrógenos y de hormonas
tanto como de malentendidos y dificultades—

vuelve los ojos hacia los pequeños
los pequeños amores:
el amor del panadero por el pan

el amor de la viuda por su huerto
el amor de mi amiga Andrea por su gata Frida

el amor del médico por el niño con leucemia

el amor del librero por el olor del papel

el amor del cocinero por las patatas.

No son de los grandes
no son pasiones excluyentes
no hay delirios orgías ni estallidos de celos

no hacen tanto ruido
no terminan con un frasco de pastillas
o un silencio eterno y rencoroso

Pídeme un amor de los pequeños
no de los grandes
y yo te daré un amor de los pequeños
no de los grandes

El tiempo todo lo devora
especialmente
devora las cosas grandes
(Dido, Eneas, Dante, Beatriz,
Tristán, Isolda, Romeo, Julieta)

pero a veces tiene piedad de la abuela
solitaria y de su gata
les permite llegar a viejas
sin comérselas antes de tiempo.

EL MISTICISMO DEL AMOR

—¿No me puedes amar si no soy una diosa?
—preguntaste.
—Tengo necesidad de adorar
llevo en mí a una sacerdotisa
a una suplicante.
—Pero ser una diosa es una tarea agotadora —dijiste.
—No es una tarea. Es una naturaleza y una representación.
—¿Siempre seré una diosa?
—Hasta que yo no soporte más el yugo —respondí.
Entonces me abandonarás
—¿Y tú dejarás que te abandone?
—Sí, porque una diosa que abandona a su celebrante
no es de verdad una diosa.
—Es una relación sadomasoquista.
—No. Porque tú también sufrirás
cuando ya no seas una diosa
para nadie. Y tendrás nostalgias de mis cultos y
celebraciones.
De mis mitos y rituales.
Vivirás entre hombres y mujeres como tú
y siempre te faltará algo.
—Al menos sabré lo que me falta —dijiste.
—Y yo también —respondí.

HOSPITAL

Esta torpe y lenta manera de morirme
entre tubos frascos y balbuceos
Plena de dolores, frágil y equivoca
la memoria
Débiles los huesos
es toda la vida que nos queda
hasta el último sueño
que una droga benevolente nos dormirá
como a bebés
con permiso de la autoridad,
o sea, el médico.

Q.E.P.D.

Agotada de análisis pruebas y más pruebas
le digo a la joven neumóloga: «¿Ahora comprende
el significado de
la sigla Q.E.P.D.?» Descanse en paz.
«Para mí quiere decir por fin un domingo libre» me dice
sorprendida.
Esa es la diferencia entre una persona joven y una vieja.

PROHIBICIÓN

Me han dicho que has prohibido pronunciar
mi nombre en tu casa
como la dictadura prohibió mis libros
mis fotos mis clases

pasé de una dictadura política
a una dictadura privada

pero no lo olvides: todas las dictaduras caen
tarde o temprano

y mientras tú prohíbes pronunciar mi nombre
en tu casa
otra mujer, en mis oídos, lo pronuncia cada
noche, cada mañana,
lo escribe con spray en los bancos de la plaza
y en sus poemas
La mano larga de la dictaduras
no puede taparle la boca
ni borrar la inscripción en el banco de la plaza

Al prohibirme, te has prohibido
pero con una diferencia: mientras otra me nombra
tú no tienes a nadie que te nombre.

BIOGRAFÍA SENTIMENTAL

Yo creía que solo había dos posibilidades
dejar de amar a alguien
porque terminaba pareciéndose a mí

o dejar de amar a alguien
porque terminaba diferenciándose mucho de mí

pero al final encontré una tercera

dejar de amar a alguien
porque yo terminaba pareciéndome mucho a ella.

SOÑÉ CON LA MUERTE Y ERAS TÚ

Soñé con la muerte y eras tú,
pero un poco más alta.

CALEIDOSCOPIO

Somos las figuras de colores
de un incesante caleidoscopio
que gira permanentemente
y no se detiene nunca
ignoramos quién lo mueve
ignoramos quién lo guía
ignoramos quién lo mira
(¿me invento un dios soberbio y curioso
como ese ojo que todo lo ve?)
y moriremos sin saberlo
como el final abrupto
de una mala novela
que alguna vez
—tonta—
creíamos estar escribiendo
como si fuéramos los autores.

MARILYN Y YO

No siempre Marilyn me gustó
digamos que me enternecía
toda esa historia de la violación
de pequeña igual que yo

a veces me sentía identificada con ella

pero yo era más sincera: ella dijo que dormía con
Chanel n.º 5

yo duermo con dos whiskys y un diazepan diez.
Ahorro mucho en perfume.

ETIMOLOGÍA

El blues solo puede llamarse blues
en cualquier idioma
—me dijiste con sabiduría de la lengua—
Y el tango gotán
Y la balada balada

pero ¿cómo llamar clítoris
a esa pequeña joya brillante y pulida
que se esconde entre los labios?
Llamésmola perla —te dije—
y la bautizaré con miel y flores
de abeja y de romero

para que nadie más lo llame
el hombrecito que las mujeres
guardan entre las piernas.

STARBUCKS CAFÉ

Me quedé toda la mañana
en el Starbucks café
porque ponían a Kay Jarrett
el cielo estaba gris
en el Starbucks café
había un cartel largo y apaisado
la parte de abajo era un mar
muy quieto muy celeste
la línea del horizonte marrón
sobre la línea del horizonte
en letras redondas
«Pasión por el café»
Yo leí: Pasión por ti.

CAFÉ ESTARBUCKS

En el Starbucks Café

un martes melancólico de abril

a las once de la mañana

—el cielo plomizo y sin pájaros—

los troncos delgados de algún árbol solitario—

los autobuses rojos

con el doble piso para turistas

pasaron súbitamente una melodía

Kay Jarrett al piano

y el concierto del Köln

¿Te he dicho alguna vez que no puedo

escuchar música sin recordarte
alta esbelta la cabellera rojiza

y tus sujetadores negros
sobre los senos blancos?
Una noche en el Auditorio de Barcelona
Kay Jarrett más melancólico que nunca
se enfureció cuando alguien tosió
No cámaras
No fotos
dijeron los guardaespaldas
y tú saliste muy enamorada de mí
de la sala
para llamar a tu madre.
No querías que supieras
que éramos un triángulo perfecto
tú yo y Kay Jarrett
o tú ella y yo.

HYBRIS

Los viejos dolores vuelven a abrirse
no se habían ido
estaban escondidos
nunca se agotaron
cascada que no cesa
y agobian con su peso
y nublan con su escoria
devoran el presente
volviendo del pasado
Destilan su hybris putrefacta
para que ni siquiera puedas
morir en paz.

Todo por no llorar.

OLVIDO

Y estos diosecitos y diosecitas
de túnica blanca
administrando la vida y la muerte
(un cáncer por acá, una diabetes por allá,
un riñón artificial,
una cadera de repuesto)
guerreros de una batalla
que perderemos todos
porque papá en un instante de pasión
olvidó el condón.

LOS NORMALES

¿De qué hablan los normales?
Los normales, esos que se casan tienen hijos se divorcian
van a bautismos bodas y aniversarios
ven televisión consultan Internet discuten de fútbol
de política les gusta comer en restaurantes e ir a la playa
compran en rebajas y se reúnen por oficios y profesiones.
Me pregunto de qué hablan los normales
esos que gritan en los estadios
y fiestas populares
que sueñan con un viaje a Cancún o a Magadascar
tienen hijos y tienen perro
suegra cuñado y ahijado.
Me pregunto de qué hablan
porque les gusta estar en grupo
les produce excitación
y el poco rato en que están solos
pegan un bostezo
y se duermen enseguida.
Me pregunto de qué hablan
porque cuando me encuentro
un normal a mi lado
no se me ocurre nada qué decir
y a él tampoco,

salvo el ritual comentario sobre el tiempo.
Y en verano siempre hace calor
y en invierno frío.

POETAS

Festivales de poesía:
En la plaza, un señor ministro
con una bolsa de migas de pan
las arroja alrededor de cientos de poetas
como palomas hambrientas, todas
de la misma especie
pero zurean persiguiéndose
por una miga.

EXTRAÑAS PAREJAS

Yo quiero hablar de Esmé y de su hermano, del
encuentro con un triste soldado
norteamericano de licencia,
de Salinger y de Esmé y de la sordidez,
del idilio entre Marlene Dietrich y Greta Garbo que duró
muy poco
porque a ambas les gustaban las mismas mujeres.
Quiero hablar de las películas de David Cronenberg
y de los relatos de William Saroyan
de cómo mis alumnos del preuniversitario quemaron
los archivos judiciales
de la dictadura que pretendía expulsarme de la cátedra
por izquierdista.
Quiero hablar de la soledad
de las mujeres de los cuadros de Hopper
y de la toma de la Renault en París
en el sesenta y ocho.
Quiero hablar del prominente sexo depilado de mi
última amante
y del regreso de las religiones y de los nacionalismos
ahora que ya no existe
la utopía comunista
y de los bonobos

esos animalitos ocupados todo el día en follar
    y acariciarse
algo que todavía nosotros no hemos aprendido a hacer
y consideramos primitivo
porque admiramos un edificio de Norman Foster
    y un cuadro de Francis Bacon
que amó a su madre y odió a su padre
igual que yo
y murió solitario e ignorado en un hospital de Madrid
porque no encontró a su novio
y a los enfermeros y enfermeras
del hospital de Madrid
su nombre no les sonaba de nada.

VEJEZ

La vejez me ha traído
impaciencia
junto a una u otra neumonía
no aguanto más la frivolidad
la tontería
la egolatría el narcisismo
y la fatuidad
los cuerpos jóvenes ya no me
inspiran deseo
y los viejos solo pavor
no tolero los noticieros de la tele
ni el fútbol ni la inmensa
mayoría de novelas
ni a la gente que disfruta
del placer de la comida o de la bebida
no aguanto a sobrinos ni a los gatos
solo me queda un poco de paciencia
con el mar
cuando no está repleto de turistas
alguna vez puedo esperar que se despeje
y entonces contemplarlo
como lo que es
un océano de agua en movimiento
que cambia del azul al verde

sin avisar
y lo miro sabiendo que le soy
indiferente
alguien que no aspira
a contaminar sus aguas con cenizas
alguien que se sumergiría para siempre en él
si no hiciera tanto frío.

CÓDIGOS

Si el cuerpo la piel el rostro
son mensajes
códigos cifrados
runas de una escritura antigua
y natalicia
me pregunto
qué mensaje equivocado descifré yo
qué lectura transversal
qué texto traduje erróneamente

o fue que en lugar de leer
yo estaba escribiéndote
y parí
mi propia criatura, mi propia escritura.

HOSPITAL II

Una gran gaviota de alas muy azules
se posa cada día en el alto techo
de una gran mansión en silencio, frente al hospital.
Se posa y descansa. Se posa y otea.
La veo cada día por la mañana
y me gusta pensar que es la misma
me gusta contemplar su majestuoso vuelo.
Pero una mañana llueve y no aparece. No viene. No está.
Es difícil echar de menos a alguien en un frío hospital
de paredes grises y luces de neón
sin embargo
esta mañana de marzo en que llueve
echo de menos a la gaviota y su majestuoso vuelo.
Quizás porque era lo único bello que mirar.

HOSPITAL III

En la noche oscura y solitaria del hospital
de pronto se escucha el llanto violento de algún recién nacido
que sale de la planta de maternidad. Recién nacido y ya llora
sabe a lo que viene.

TANGO

Los años se han comprimido
como el viejo fuelle de un acordeón
que solo deja sonar las notas
repetidas de un solo tango/nostalgia.

PALABRAS

Como putas
las palabras viajan
en la barca del tiempo
ríen sueñan agonizan
a veces envejecen
disputan entre sí
se aman y entrecruzan
a veces se vuelven
grandilocuentes
pero no abandonan el oficio:
mienten
para que las amemos.

VEJEZ II

Antes de morir
una última tortura
desdoblarse
para contemplar nuestro pasado
con inédita lucidez
sin sentimientos
quizás solo un poco de ternura
por la niña que fui
solitaria ingenua y soñadora
por la adolescente que fui
solitaria ingenua y soñadora
y observar con ecuanimidad
los errores propios y ajenos
para descubrir que tampoco
importan ya.
Nada nunca
en este mundo
puede deshacer el gran malentendido
a pesar de lo cual no nos suicidamos
porque ya estamos demasiado viejos para eso
o por temor a fallar en el intento
y que ese sea al fin y al cabo
el último error de nuestra vida.

OTOÑO

Amo la melancólica lentitud del otoño,
su suavísimo silencio,
las hojas amarillas que se deslizan de los árboles
resbalan sin hacer ruido
como sin querer romper
la armonía gris del cielo

hasta que un contenedor estalla
en medio de la calle
causando pánico.

ABSTINENCIA

Hay días en que amanezco
con ganas de decirte te amo
te quiero sueño contigo.
Y tú que estás lejos y callada
en otra ciudad en otro espacio
pensarías qué mosca le ha picado.
Es la mosca del deseo
no específicamente de vos
el deseo de algo que tuve y perdí
o quizás no tuve nunca. El deseo
solo es deseo insatisfecho
y fantasea su satisfacción
como los niños sueñan con un robot
llamado Superman o Alien.
Es que anoche
antes de dormir
no comí chocolate.

FINAL DEL VERANO

Lenta la noche se desliza
cambia el rosa por el ocre
y un filamento de luna pende
sostenido por un par de nubes
celestes
que se deslizan
como bailarinas en una pista de barniz.
La noche se demora
gana espacios lentamente
cubre el cielo
incierta vacilante
sin saber qué hacer con los humanos
esas hormigas díscolas
que antes de guardarse
querrían soñar un poco
cumplir algún deseo.

SIN REMITENTE

Sin remitente
Amo a quien amé
el amor solo morirá
cuando yo muera
no antes
porque lo que amé es una fuente inagotable
donde nadan los pájaros del recuerdo
flotan los deseos insatisfechos como peces en el agua
Amo a quien amé
Y la lejanía y la distancia
solo son estrategias
para seguir amando
y que el dolor o la inquina
no destruyan lo sagrado del amor
que es su vida en mi memoria
aunque no te lo merezcas
El amor no se merece ni se gana
el amor es un don
que se entrega sin remitente

SIMBIOSIS

Soy mi propia madre.
Me parí a mí misma
y me alumbré
después de concebirme
yo me crié a mí misma
y me alimenté
y pasé frío
y pasé soledad
y conocí el dolor de no saber
y la alegría del aprendizaje
yo
devoré mi placenta
bebí mi sangre
y me alimenté de mis tejidos
yo lamí mis heridas con mi propia saliva
y sufrí
lloré en silencio
me envolví en mi dolor y aullé
como una loba herida
yo crecí de mis raíces
y me implanté a mí misma.
Yo fui mi propia madre
y mi hija al mismo tiempo

simbiosis
que ni la muerte destruirá.
Moriré de mi madre y de mi hija.

ÍNDICE

Esta primera edición de *Fata Morgana*
se acabó de imprimir en Madrid, el
13 de noviembre de 2024, día que
Jaime Gil de Biedma hubiera
cumplido 95 años.